MANUAL DOS APAIXONADOS POR CÃES

MANUAL DOS APAIXONADOS POR CÃES
Relacionamento, cuidados e treino

Márcio Infante Vieira

Prata EDITORA

São Paulo-SP

Copyright © 2014 do autor

Todos os direitos desta edição reservados à
Prata Editora (Prata Editora e Distribuidora Ltda.)

Editor-Chefe: Eduardo Infante
Revisão Ortográfica: Bruna Galvão
Projeto Gráfico: Julio Portellada
Diagramação: Estúdio Kenosis
Ilustração da capa: Carlos Alexandre dos Santos
Ilustrações do miolo: Jonatas Andrade

O autor das ilustrações, Jonatas Andrade, tem 17 anos e é aluno da E.E. Marquês de Sapucaí, mentora do *Projeto Lapidar*, em Delfim Moreira-MG. Mais informações: www.projetolapidar.com.br

```
Dados Internacionais de Catalogação na Publicação (CIP)
       (Câmara Brasileira do Livro, SP, Brasil)

   Vieira, Márcio Infante
      Manual dos apaixonados por cães : tudo que você
   precisa saber para cuidar bem do seu melhor
   amigo / Márcio Infante Vieira. -- 1. ed. --
   São Paulo : Prata Editora, 2014.


      1. Cães 2. Cães - Criação 3. Cães - Cuidados
   I. Título.


14-05159                                      CDD-636.7082
```

Índices para catálogo sistemático:

1. Cães : Criação   636.7082

Prata Editora e Distribuidora
www.prataeditora.com.br
sac@prataeditora.com.br
facebook/prata editora

Todos os direitos reservados aos autores, de acordo com a legislação em vigor. Proibida a reprodução total ou parcial desta obra, por qualquer meio de reprodução ou cópia, falada, escrita ou eletrônica, inclusive transformação em apostila, textos comerciais, publicação em websites etc., sem a autorização expressa e por escrito dos autores. Os infratores estarão sujeitos às penalidades previstas na lei.

Impresso no Brasil/*Printed in Brasil*

SUMÁRIO

Introdução 9

Capítulo 1: O cão e o homem 11
Como é ser dono de um cão 13
O que devemos oferecer ao cão 14
A chegada do cão em casa 14
Rotina da casa X cão 15
Passeios com os cães 15
Expectativa de vida e temperamento dos cães 16
Como será acompanhar a vida de nosso amigo 17
A velhice 17

Capítulo 2: Escolha e aquisição do filhote 19
Comprar ou adotar um cãozinho 22
Como escolher um cão 24
Escolha do sexo 24
    Fêmea 24
    Macho 25
Idade para aquisição 25
Raças 26
Surdez 28

Capítulo 3: A saúde do cão 31
Principais doenças, prevenções, tratamentos e vacinações 33
    Verminoses 34
    Cinomose 35
    Hepatite 35
    Leptospirose 36
    Parvovirose 36
    Coronavirose 36
    Parainfluenza 37
    Raiva 37
Cronograma de vacinação 38
Tabela de vacinação 38
As doenças de cada raça 39

Capítulo 4: A alimentação canina 41
As rações balanceadas 44
Como fornecer as rações 46
Alimentação natural para cães 47
Como alimentar o cão 47
Outros alimentos 47
As fezes e o valor alimentício 48

Capítulo 5: Higiene, cuidados e tosa 49
Cuidados e limpeza dos olhos e ouvidos 51
A pelagem 52
Cuidados com a pelagem 52
Tosa 52
Tosa higiênica 53
Escovação e penteado 53
Muda 54
Banhos 54
Toalha 55
Secador elétrico 56
Trato das unhas 56
Cuidados com as unhas dos filhotes 57

Dentes 57
O "banheiro" dos cães 58

Capítulo 6: Acidentes com os cães 59
Prevenções e primeiros socorros 61
Fraturas 62
Intoxicação por ingestão acidental 62
Asfixia 63
Ferimentos por mordidas 64
Vômitos 64

Capítulo 7: Ensino e treinamento 67
Os cães não entendem as palavras 71
Ensino 72
Treinamento 72
Algumas regras 73
As ordens "NÃO" e "PEGA" 74
As ordens "PEGA" e "LARGA" 76
Sentar 76
Deitar 77
Andar junto ao dono 77
Vir até onde está o dono 79
Parar de latir 80
Recusar comida achada ou oferecida por estranhos 80
Como entreter os cães para que não se tornem inconvenientes ... 82
Como evitar que o cão arranhe a porta para querer entrar 83

Capítulo 8: Viajando com seu cão 85
Identificação 87
Procedimentos e documentos exigidos 88
Cuidados antes de viajar 91
O transporte 92
Hospedagem para cães 93

INTRODUÇÃO

Ter um cão é uma experiência única na vida de qualquer pessoa. Torna-se inexplicável o sentimento de amor e de amizade que surge entre um cão e seu dono. Além disso, são inesquecíveis os momentos em que passam juntos, sempre à base da lealdade canina e, muitas vezes, de várias e cômicas travessuras.

Não é à toa que um cão torna-se um membro da família, sendo, até mesmo, o "filho" de muita gente.

E são para estas pessoas, amantes de cães das mais variadas formas, que dedico esta obra, cujo objetivo é o de ajudar na convivência, no relacionamento entre o cão e a família de seu dono e, principalmente, na orientação quanto aos cuidados mais importantes que devemos ter com nossos pequenos amigos e "filhos".

O Autor

CAPÍTULO 1
O CÃO E O HOMEM

Como é ser dono de um cão

Ser dono de um cão, especialmente do seu primeiro cão, é uma experiência única na vida de qualquer pessoa. Ao adotarmos um cachorrinho, nossas vidas serão alteradas em vários níveis e com consequências diversas: é preciso, portanto, nos adaptarmos a uma nova realidade.

Para facilitar a convivência entre cão, dono e demais moradores da casa, é preciso moldar o comportamento do animal ao ensiná-lo, por exemplo, a obedecer nossos comandos, a fazer suas necessidades no local indicado por nós, ou ainda, a não roer os móveis da casa.

Tudo isto é possível por meio de um treinamento ou adestramento, que pode ser feito por qualquer pessoa próxima do animal ou por um adestrador profissional. Caso o dono decida treinar, por si mesmo, o seu cão, ele precisará ter tempo disponível e paciência para que o treinamento seja eficiente.

O que devemos oferecer ao cão

Como em qualquer relação de amizade e companheirismo, o respeito pelo animal é um fator imprescindível para que o cão e seu dono tenham uma vida cheia de alegrias. Devemos oferecer aos cães todas as condições necessárias para que tenham uma vida saudável e alegre, da mesma forma que faríamos com um filho ou com uma pessoa que viesse morar conosco.

Além de amor e carinho, deve-se proporcionar ao cão uma alimentação adequada, manutenção de sua higiene por meio de banho e, quando necessário, tosa, além de levá-lo a um bom médico veterinário. Também é importante levá-lo para passear, a fim de que se exercite. O ideal é que os passeios sejam diários, aproveitando os horários em que ele faz suas necessidades fisiológicas.

A chegada do cão em casa

Devemos providenciar, com antecedência, todos os acessórios necessários para a chegada do filhote, como: vasilhas para água e comida, brinquedos para cães (como bolas, mordedores etc.) e nunca devemos nos esquecer de comprar e manter um estoque razoável de ração e de guloseimas próprias para caninos.

Logo após a chegada do filhote à nossa casa, devemos levá-lo para "reconhecer o terreno", isso é, levar o cãozinho para farejar todas as partes da casa – principalmente, o local onde será o seu "banheiro", caso já não tenha sido adotado no seu passeio diário.

Se houver crianças na casa, essas deverão ser apresentadas ao novo membro da família. Existem raças que não só se adaptam facilmente, como gostam muito de se relacionar com crianças, enquanto outras são avessas ao contato com os pequenos.

Rotina da casa X cão

Quando adquirimos um cão, a rotina da casa é subitamente alterada. Mas o grau dessas mudanças varia de acordo com as características físicas e de temperamento da raça adquirida, além dos aspectos e necessidades individuais de cada cão. A atenção dada pelo dono ao seu cão também varia para cada residência, o que inclui o tempo gasto para brincar ou passear com o animal de estimação.

No caso de cães de porte médio ou grande, é comum que esses animais quebrem alguns objetos quando abanam a cauda ao passearem pela residência. Para evitar prejuízos, o ideal é retirarmos todos os objetos quebráveis do alcance do cão. Desobstruir possíveis obstáculos à circulação do cão pela casa também é útil para evitar que ele force a passagem e quebre alguma coisa.

Com os cães de pequeno porte, estes incidentes ocorrem com menor frequência.

Passeios com os cães

Levar o cãozinho para passear e brincar em um parque, praça ou praia pode ser uma grande diversão, mas também, um grande problema, se não tomarmos os cuidados necessários.

Por isso, é importante que se treine e adestre o animal, para que comandos como "PARE" ou "VENHA" sejam imediatamente obedecidos.

Expectativa de vida e temperamento dos cães

Tanto a expectativa de vida dos caninos, quanto o seu temperamento variam muito de acordo com a raça. Em geral, os cães vivem entre 8 a 18 anos, podendo ultrapassar os 22 anos de idade. Entretanto, os cães de grande porte tendem a viver menos do que os de pequeno porte.

Quanto ao temperamento e à personalidade dos cães, existem raças que produzem animais mais dóceis ou mais agressivos, ou ainda, cães com aptidões especiais, como os de guarda ou os de resgate. Ainda que certos aspectos do temperamento de um cão possam variar de animal para animal, existe um padrão esperado de comportamento dentro de uma raça.

Para os cães Sem Raça Definida (S.R.D.), popularmente conhecidos como "vira-latas", tanto o padrão físico quanto o psicológico podem variar bastante, devido ao cruzamento entre uma ou mais raças. Dessa forma, fica difícil prever o porte final de um filhote, o seu grau de agressividade ou suas habilidades para vigia ou resgate.

De qualquer maneira, existe um consenso entre todos os que possuem ou conviveram com cães sem raça definida de que, em geral, são animais dóceis, simpáticos, leais e muito apegados ao dono. Porém, essa não é uma comprovação científica.

Como será acompanhar a vida de nosso amigo

Devemos sempre ter em mente que o tempo de vida de um cão é limitado, antes de adquirirmos um. Isso porque sua morte costuma causar grande sofrimento em um lar, principalmente entre as crianças.

Além disto, da mesma forma que um ser humano, os cães, ao enfrentarem o processo de envelhecimento, também sofrem com os efeitos da idade, tornando-se cada vez menos ativos. Então, não podemos nos esquecer de que a vitalidade e a alegria dos filhotes acabam com o passar do tempo, dando lugar a um cão mais quieto e parado.

Este é o ciclo da vida, pelo qual todos nós passamos e, no caso de um cãozinho, será nossa responsabilidade cuidar para que sua vida seja a melhor possível em todas as suas fases, desde filhote até à velhice.

A velhice

Os cães idosos (a idade na qual um cão pode ser considerado "velho" varia de acordo com a expectativa de vida de cada raça) perdem gradativamente a vitalidade e a resistência, ficando cansados, sem ânimo e passando a dormir durante quase todo o tempo. Também modificam os seus hábitos alimentares, muitas vezes, desprezando os alimentos de sua preferência e trocando-os por outros bem diferentes. Caso o cão esteja acostumado a comer ração seca industrializada, este é o momento de fornecer a ele ração para cães idosos, cuja composição é apropriada para essa fase da vida.

A velhice, em geral, pode provocar diversas alterações no comportamento e na aparência destes animais, entre as quais temos:

1. Embranquecimento dos pelos;

2. Olhar mortiço e olhos esbranquiçados, com catarata;

3. Comportamentos repetitivos, como latir sem parar e sem nenhuma razão aparente – o seu latido costuma ser lento, rouco e monótono (uma forma de chamar a atenção de seu dono, já que passam a se sentir mais carentes). Quando isso acontecer, o dono deve falar com o cão, acariciá-lo e elogiá-lo até fazê-lo parar de latir (para recompensá-lo, poderá dar-lhe um petisco);

4. O cão se conserva em uma posição defensiva, como a de proteger o que é seu, como sua cama ou o local em que vive, seu prato, seus alimentos etc.;

5. Como muitos seres humanos quando estão na velhice, os cães idosos também podem sentir mais frio do que o normal. Devemos, portanto, dar-lhes cobertores quentinhos, principalmente quando forem dormir, além de aquecê-los nos dias e noites mais frios com uma bolsa de água quente em suas camas.

CAPÍTULO 2
ESCOLHA E AQUISIÇÃO DO FILHOTE

Quando alguém resolve ter um cão, deve levar em consideração uma série de fatores, entre os quais:

1. Os cães são animais e não objetos ou máquinas. Portanto, são sensíveis às dores, aos maus tratos e, principalmente, ao desprezo e ao abandono;

2. Os cães possuem sentimentos como os de afeto, carinho, alegria, tristeza, amor, ódio, raiva etc.;

3. Os cães sentem e sofrem como os humanos e, por esse motivo, não devem ser maltratados;

4. O dono de um cão terá de mantê-lo por muitos anos, tratando-o sempre com todo o cuidado e carinho.

Além disso, deve-se lembrar também de que **nunca poderá abandoná-lo** pelas ruas. Cães abandonados passam por grandes sofrimentos psicológicos, como se fossem crianças bem pequenas. Podem ser atropelados ou sofrer nas mãos de pessoas de má índole, comer restos de comidas estragadas e adoecer com facilidade. Isso sem falar que o abandono de animais, além de ser **crime**, é um ato de extrema maldade com o animalzinho.

Se não existe a possibilidade de tratar os cães como eles merecem, é melhor não tê-los.

Não devemos esquecer que os cães possuem hábitos, instintos e atitudes de animais que devem ser respeitados, pois fazem parte do seu modo de ser.

Seja por meio de compra ou de adoção, para adquirirmos um cão devemos levar em consideração uma série de fatores, como: idade (filhote, jovem ou adulto), tamanho (padrão da raça), sexo, temperamento e função (companhia, guarda, trabalho, reprodução ou para exposições).

Quando não conhecemos bem as características das raças, o melhor é nos aconselharmos com uma pessoa experiente no assunto, para que possamos adquirir um animal adequado às nossas expectativas e necessidades.

Comprar ou adotar um cãozinho?

Comprar ou adotar um cão é uma escolha pessoal.

Ressaltamos, apenas, que os preços de filhotes podem variar muito de acordo com a raça e com a sua genealogia. Por exemplo, filhotes de cães campões em exposições tendem a ser mais caros.

Pet shops e feira de animais são bons locais para se comprar um filhote.

Quando compramos um cão, para evitarmos algum problema técnico ou legal, devemos exigir do vendedor:

1. Um *recibo* ou documento de compra e venda no qual conste o valor da transação;

2. A *tarjeta*, que é um certificado de registro emitido por uma entidade oficial filiada à Associação Cinológica Brasileira;

3. O *pedigree*, também emitido por uma entidade cinológica oficial, filiada à FCI (Fédéracion Cinologique Internacionale). Quando se tratar de um pedigree estrangeiro, o melhor é consultar um Kennel Club para confirmar sua validade;

4. *Atestado de saúde*;

5. *Carteira de vacinação*.

O cão poderá, ainda, ser vendido castrado e com um chip de identificação, implantado sob a pele do animal.

Quanto à adoção, existem diversas ONGs, entidades, associações, além de *pet shops* e feiras de animais que fazem esse serviço. Geralmente, são exigidos do futuro dono documentos de identificação (como carteira de identidade), comprovante de residência e, ainda, uma pequena taxa de adoção. Esses lugares também tendem a vacinar, vermifugar e castrar os animais colocados em adoção.

Caso optemos por adotar um cão de rua, sobre o qual não sabemos nada, o ideal é levá-lo a um médico veterinário para que ele possa ser devidamente avaliado, vacinado e vermifugado.

Outra opção, menos comum, mas fornecida por muitas entidades, é apadrinhar um cãozinho: nesse caso, o padrinho ou madrinha do animal deposita um valor mensal para cobrir as suas necessidades e pode visitá-lo em dias e locais determinados pela entidade.

Como escolher um cão

Quando desejamos um cão somente como animal de estimação e não para a reprodução ou para apresentar em exposições, as exigências em relação às suas características podem ser menores. É necessário, no entanto, levarmos em consideração alguns fatores, como verificaremos logo abaixo.

Escolha do sexo

Não há muita diferença entre fêmeas e machos no sentido da criação, já que ambos podem ser ótimas companhias, excelentes guardas, bons cães de caça, eficientes boiadeiros etc., dependendo de sua raça. A seguir, algumas particularidades dos sexos.

Fêmea

Costuma ser mais calma, meiga, atenciosa, dócil e carinhosa do que o macho. Gosta mais de brincar, é mais apegada ao dono e tem por ele maior dependência. A fêmea tende a ser mais atenta ao ensino e ao treinamento do que o macho.

A cadela, no entanto, entra no cio a cada seis meses, o que pode ser um inconveniente para o seu dono, já que o sangramento pode sujar a casa e seus móveis. É possível evitar a sujeira de sangue ao colocar na cadela uma fralda especial. Além disso, quando está no cio, a fêmea exala um odor típico para atrair os machos para o acasalamento (o que a impede de participar de competições e eventos).

Se não há intenção de acasalá-la, devemos isolá-la durante o período do cio, a fim de não atrairmos machos para junto dela.

Durante o cio, a fêmea tende a se tornar mais apática, ficando, muitas vezes, mais quieta e tristonha. Outro inconveniente na cadela é que após a desmama da ninhada, ela leva um tempo para readquirir suas condições físicas de antes da gestação.

Uma boa solução é comprar uma fêmea castrada ou fazer a castração depois da aquisição. O melhor é que a fêmea sofra a cirurgia o mais cedo possível para que não tenha tempo de adquirir alguns hábitos das fêmeas não castradas.

Macho

É normalmente maior, mais forte, musculoso, dominador e menos delicado, meigo e carinhoso do que a fêmea. Também é mais propenso a brigas do que a cadela.

Idade para aquisição

A melhor época para adquirirmos um filhote é quando ele está com seis a oito semanas de idade, logo após ser desmamado, porque é nessa fase da vida que ele abre os olhos para o mundo, passa a conhecer e a se adaptar ao ambiente em que vive e a enfrentar as mais diversas situações. Além disso, já começou a tomar a primeira dose das principais vacinas, ficando mais protegido contra diversas doenças.

Quanto mais jovem for um cão, mais facilmente ele se adaptará ao novo lar e se afeiçoará ao novo dono, o que, no entanto, não nos deve impedir de adotarmos um animal mais velho, pois outras características (como o temperamento) também devem ser levadas em conta.

Raças

Como existem diversas raças de cães, com as mais variadas características físicas e temperamentais, devemos pesquisar, antes da aquisição, qual é a mais adequada às nossas necessidades e objetivos. Devemos ter em mente, por exemplo, que quanto maior for o porte do cão, de mais espaço físico ele precisará. Além disso, de acordo com a raça, há cães que são mais calmos, enquanto outros são mais agressivos.

Se optarmos por um cão Sem Raça Definida (ou, "vira-lata"), muitas de suas características futuras podem ficar ocultas quando filhotes (por exemplo, torna-se impossível prever o seu porte final), por desconhecermos a sua origem genealógica.

Algumas observações devem ser feitas durante a aquisição do animal:

- se apresenta sinais de nanismo;
- seu grau de timidez ou de agressividade;
- se é desenvolvido ou precoce, embora, às vezes, o cão possa crescer muito e ultrapassar o tamanho desejado;

- se possui uma boa conformação;
- se seus movimentos são normais;
- se possui boa audição;
- se apresenta defeitos externos, inclusive de aprumos;
- se é sadio;
- se sua visão é perfeita, com os olhos vivos e brilhantes, sem lacrimejamentos, mucosidades etc.;
- se sua pelagem é bonita, forte e sem falhas
- se seu apetite é normal;
- se é gordo ou magro demais;
- se sua pele é lisa, esticada e untosa;
- se apresenta feridas, crostas ou calombos pelo corpo;
- se apresenta coriza, resfriado ou diarreia;
- se possui algum corrimento anormal como pus ou sangue;
- se está limpo, sem sinais de urina nos pelos ou de sujeiras, principalmente de fezes em volta do ânus;
- se sua dentição é normal;
- quando de raça, se possui todas as características de sua raça, como pelagem, tamanho (para cada idade) etc.;
- se a fêmea possui o aparelho reprodutor perfeito;
- se o macho tem todos os órgãos genitais externos perfeitos, com os dois testículos na bolsa ou saco escrotal, pois, a falta de um deles (monorquídio) ou dos dois (criptorquídio), impede o cão de reproduzir.

Só devemos levar o cão para casa, qualquer que seja o seu tamanho, idade ou raça, após ele ter sido submetido a um completo e rigoroso exame realizado por um médico veterinário.

Surdez

Todos os filhotes nascem surdos, mas, alguns dias depois, passam a ouvir normalmente. Em uma ninhada, no entanto, algum filhote pode nascer com o defeito da surdez, não escutando os sons normais como gritos, assobios, os chamados das pessoas, barulhos de carros, de portas, de janelas etc.

O cão surdo é sempre o último a sair do ninho, seja para se alimentar, fazer suas necessidades ou só para passear, porque simplesmente acompanha seus irmãos que saem assim que ouvem o chamado do dono. Quando o cão é surdo, ele também não faz o gesto que todos os cães fazem instintivamente: o de levantar a cabeça e as orelhas e virá-las na direção do barulho para identificá-lo. Por esse motivo, devemos observar com cautela, o comportamento dos filhotes que são sempre os últimos a saírem do ninho, já que podem ser surdos.

Quando houver suspeita de surdez, o filhote deve ser submetido a testes para verificar sua capacidade auditiva, ou seja, se ele é surdo ou qual o grau da sua surdez. Esse teste é muito simples, pois basta chamarmos o filhote, assobiarmos, fazermos barulho batendo com um objeto em uma vasilha qualquer, mas sempre produzindo sons diferentes. Com esse procedimento, podemos chegar às seguintes conclusões:

1. O filhote ouve normalmente;

2. Ele não escuta muito bem e qual é o seu grau de surdez e

3. Ele é totalmente surdo

O cão que tiver algum problema de audição deve receber cuidados especiais, já que corre maiores riscos de sofrer um acidente, como atropelamentos, do que um cão com audição normal.

CAPÍTULO 3
A SAÚDE DO CÃO

Principais doenças, prevenções, tratamentos e vacinações

A prevenção e o correto tratamento das doenças que os cães possam vir a sofrer são providências que todos os donos de animais precisam tomar, pois delas dependem a vida do animal e a saúde da família que o acolheu.

As principais doenças dos cães são de origem infecciosa ou parasitária. Independente da raça do animal, o dono de um cão deve sempre seguir a orientação de um médico veterinário, que cuidará do cãozinho em todas as fases de sua vida. Além disso, sempre que suspeitar de algum problema de saúde, o dono nunca deve medicar seu cão sem prescrição médica.

Como a primeira vacinação deve ser feita somente quando os filhotes atingirem, no mínimo, 45 dias de idade, época em que, muitas vezes, são ou já foram vendidos, devemos ter a informação sobre quais vacinas o cãozinho já recebeu antes de comprá-lo ou adotá-lo. O ideal é adquirir um filhote somente quando esse já tiver recebido as primeiras vacinas e tiver sido vermifugado.

Verminoses

É comum que as ninhadas sejam infestadas por vermes, principalmente o *Toxocaracanis*. Raramente uma delas se livra desse problema, por maiores que sejam os cuidados com a limpeza e a higiene dos ninhos e dos locais pelos quais andam os filhotes, pois eles se infestam ao mamarem nas tetas da cadela, que foram contaminadas porque tiveram contato com o chão ou com outro local em que se encontravam os vermes, seus ovos ou larvas.

Os sintomas da verminose no filhote são: tristeza e abatimento; ventre inchado e volumoso; emagrecimento progressivo e perda de peso; pelos foscos e sem brilho; diarreia; mucosidade nas fezes; presença de vermes nas fezes ou "bolos de vermes", eliminados pelo ânus.

Quando a infestação for muito grande, deve ser dado um vermífugo aos filhotes, antes mesmo da desmama, para que eliminem os vermes e se recuperem. O melhor, porém, é consultar um médico veterinário.

Os vermífugos são, em geral, pílulas que devem ser colocadas bem ao fundo da boca do filhote. Para evitar que ele as cuspa, sua boca deve ser fechada até que ele engula o medicamento. Existem também os vermífugos injetáveis, que podem ser utilizados de acordo com as prescrições de um médico veterinário.

A vermifugação deve ser adotada como rotina e os filhotes só devem ser vendidos ou presenteados depois de tomarem o vermífugo.

O filhote deve receber a primeira dose do vermífugo aos 30 dias de vida. A segunda e terceira doses de reforço devem ser aplicadas no animal, respectivamente, aos 45 e 60 dias de idade.

Após este período, e como prevenção, a dose de vermífugo deve ser dada anualmente, ou ainda, de acordo com prescrição do médico veterinário.

Cinomose

Doença infecciosa muito contagiosa, causada por um vírus. Seus sintomas podem ser os mais variados. Um deles, bastante comum, é o aparecimento de bolinhas de pus na barriga do animal. Pode atacar o aparelho respiratório ou digestivo, bem como, o sistema nervoso dos caninos. Pode atingir todos os cães, especialmente os filhotes de dois a seis meses de idade, e, se não tratada, pode ser mortal.

Existe uma vacina eficaz contra essa doença, que deve ser aplicada aos dois meses de idade. Em seguida, é preciso dar uma dose de reforço aos 30 e 60 dias após a primeira dose. Repetir a vacinação (uma dose), anualmente.

Hepatite

Ataca o fígado e seus principais sintomas são: dores abdominais, sangramento e depressão. Os cães muito jovens e os muito velhos são os mais sujeitos a essa doença. Os filhotes devem ser vacinados contra a hepatite, recebendo a primeira dose aos dois meses de idade e, depois, a segunda e a terceira doses, respectivamente, 30 e 60 dias após a aplicação da primeira. Passado esse período, a vacinação é anual.

Leptospirose

Atinge tanto os animais, quanto os seres humanos. É transmitida por uma bactéria presente na urina dos ratos. Não é fácil diagnosticá-la clinicamente, porque a leptospirose não apresenta sintomas específicos. Porém, dentre os gerais, temos: fraqueza, perda de apetite, vômitos e febre alta. A vacina contra essa doença deve ser aplicada no cão aos dois meses de idade, com uma dose de reforço aos 30 e outra aos 60 dias após a primeira dose. Repetir a vacinação todos os anos.

Parvovirose

Produzida por um vírus, é uma doença grave, que ataca cães de todas as idades e pode ser mortal. A vacina contra essa doença deve ser aplicada aos dois meses de idade e repetida, como reforço, 30 e 60 dias após a aplicação da primeira dose e, depois, uma vez, todos os anos.

Coronavirose

Causada pelo *Coronavirus*, é uma doença altamente contagiosa e de elevada mortalidade, principalmente entre os cães jovens. Está espalhada por todo o mundo e não é transmissível ao homem. Seus primeiros sintomas são: prostração, letargia, falta de apetite, diarreia com forte cheiro fétido característico e com muco, vômitos biliosos, espumantes e, às vezes, sanguinolentos.

O período de incubação da doença pode ser de 24 a 36 horas ou mais longo. A recuperação ocorre dentro de sete a dez dias. Para combater a coronavirose, o melhor é vacinar os cães aos 60, 90 e 120 dias de idade.

Parainfluenza

É muito contagiosa e ataca o sistema respiratório dos cães de qualquer idade. É transmitida por contato direto ou indireto com cães doentes, sendo uma das doenças mais perigosas para os caninos. Seus principais sintomas são: febre alta, tosse forte com catarro ou mucosidade. Dura, em média, de duas a quatro semanas. Quanto mais rapidamente o cão for medicado, maiores serão as suas possibilidades de recuperação.

Existe uma vacina específica e eficaz contra essa doença, devendo ser aplicada em filhotes. Há também vacinas múltiplas, que podem imunizar contra seis a dez doenças, inclusive a parainfluenza.

Raiva

Doença mortal, para a qual não existe cura depois do aparecimento de seus sintomas. É causada por um vírus e é transmitida ao homem, cães e outros animais pelo contato direto da saliva contaminada do cão raivoso, por lambeduras ou mordidas.

A vacina contra a raiva, conhecida como antirrábica, deve ser aplicada nos cães aos cinco meses de idade e, depois, repetida uma vez por ano.

Cronograma de vacinação

Para que os cãezinhos fiquem protegidos dessas e de outras doenças é indispensável que sejam corretamente vacinados. O melhor é seguir o cronograma de vacinação indicado por um médico veterinário, como o que apresentaremos a seguir.

Tabela de vacinação

Idade do cão	Doenças e vacinas
60 dias	1ª – cinomose, hepatite, leptospirose, parvovirose, coronavirose e parainfluenza
90 dias	2ª – cinomose, hepatite, leptospirose, parvovirose, coronavirose e parainfluenza
120 dias	3ª – cinomose, hepatite, leptospirose, parvovirose, coronavirose e parainfluenza
150 dias	antirrábica (dose única)

As vacinas contra as doenças acima, podem ser dadas separadamente, desde que respeitados os prazos entre as suas respectivas doses.

Existem vacinas múltiplas, que facilitam o esquema de vacinação, por estarem incluídas em somente uma injeção. Essas vacinas podem imunizar de oito a dez doenças, simultaneamente.

Para o uso de vacinas múltiplas (normalmente as V8 ou V10), segue o cronograma abaixo:

Idade do cão	Vacina
De 45 a 60 dias	1ª dose da vacina múltipla
21 dias após	2ª dose da vacina múltipla
21 dias após	3ª dose da vacina múltipla
150 dias	antirrábica (dose única)

As doenças de cada raça

Cada raça canina pode apresentar determinados problemas de saúde, com maior incidência em algumas do que em outras. São doenças como câncer, catarata, atrofias, problemas de coluna, displasia coxo-femural etc. Para saber a quais problemas de saúde um determinado cão está mais sujeito, o indicado é procurar informações com um médico veterinário ou através da literatura específica sobre cada raça.

CAPÍTULO 4
A ALIMENTAÇÃO CANINA

Em relação à pelagem, por melhores que sejam as características genéticas de um cão, ele somente apresentará uma boa cobertura de pelos se receber uma alimentação adequada, tanto em quantidade, como em composição. É preciso haver certo balanceamento entre os componentes da dieta alimentar para melhor suprir as necessidades do organismo canino.

Sem uma boa alimentação, nenhum cão (ou qualquer outro animal) pode apresentar uma pelagem bonita e perfeita. Isso ocorre porque os principais elementos que compõem os seus pelos são as proteínas. Essas substâncias são as responsáveis pela sua formação, resistência, textura, cores e, ainda, pela intensidade de seu brilho.

Outros elementos que influenciam na formação e no desenvolvimento dos pelos dos cães são alguns minerais, entre os quais, o cobre, o zinco e o ferro.

As vitaminas também são indispensáveis como componentes da sua pelagem, podendo ser citadas, entre elas, as vitaminas A, E e o ácido pantotênico. Todos esses concorrem para a formação dos pigmentos, permitindo que os pelos adquiram uma coloração firme e bonita.

As gorduras poli-insaturadas são outros elementos que também contribuem para melhorar a qualidade e a aparência dos pelos, dando-lhes um brilho mais intenso. Entre essas gorduras, destaca-se o ácido linoleico, existente em vários óleos vegetais, como os de soja, girassol e milho.

Uma boa alimentação canina só é possível com boas rações ou com alimentos adequados (que podem ser adquiridos por meio de uma alimentação natural balanceada).

As rações balanceadas

Alimentar os cães com o uso de rações balanceadas é um dos meios mais eficientes e práticos que os donos e criadores podem adotar. Existem dezenas de tipos de rações, com características diferentes e aplicações variadas.

De forma geral, podemos dizer que as rações industrializadas são classificadas pelo porte e idade do cão. Existem rações mais específicas como, por exemplo, as destinadas a cães com problemas renais, cardíacos, com diabetes, a cães obesos etc.

As rações podem ser classificadas também pela sua qualidade, ou seja, pelo teor nutritivo que oferecem ao animal. As melhores linhas de rações são as denominadas *Premium*, que apresentam a composição mais balanceada que o animal poderá receber. Mesmo assim, entre as marcas de rações que trabalham com esse tipo de produto, existem aquelas que se destacam. Para uma correta avaliação, é necessário que se faça uma comparação da composição e valores nutricionais que constam, obrigatoriamente, nas embalagens dos produtos.

Além das rações *Premium*, existem aquelas conhecidas como de "segunda" e "terceira" linhas. Essas rações são inferiores quanto ao valor nutricional, entretanto, são as mais econômicas ou baratas.

Como não encontramos nas embalagens de rações a indicação clara do tipo de linha do produto (de "segunda", "terceira" ou "ração com baixo teor nutritivo"), a primeira forma de analisarmos a possível qualidade do produto é pelo seu preço: rações melhores são, na maioria das vezes, as mais caras. Apenas as rações *Premium* apresentam em suas embalagens a inscrição *"Premium"*, para enfatizar ao consumidor a sua qualidade e justificar o valor a ser pago por esse produto.

Existem outras denominações para as linhas de rações como as *"Super Premium"*, *"Premium"* e *"Standard"*. Essa nomenclatura é utilizada também para auxiliar na identificação das rações de primeira, segunda e terceira linhas.

O melhor, sempre, é manter-se informado sobre as marcas de rações disponíveis no mercado. É fácil obter esse tipo de indicação com médicos veterinários ou mesmo com profissionais de *pet shops*. É bom lembrar que as melhores marcas sempre zelam pela qualidade de seus produtos.

Se possível, fornecer rações *Premium* específicas para a raça de cada cão garante uma melhor nutrição do animal, de acordo com suas necessidades. Alguns tipos de rações *Premium*, devido à sua composição, auxiliam na manutenção de cães com pelagem mais exigente.

Quando filhotes, devemos administrar rações específicas para as fases do seu crescimento, porque elas apresentam em sua composição todos os nutrientes necessários para o bom desenvolvimento do cãozinho.

Como fornecer as rações

Se o cão estiver acostumado a comer comida caseira, ao invés de ração, devemos substituir, aos poucos, esse tipo de alimentação pelas rações industrializadas. Por já ter desenvolvido o gosto pela comida caseira, a melhor forma de mudar esse hábito é misturar a ração à comida diária. Todos os dias, a proporção de ração na comida deve aumentar, enquanto a porcentagem de comida caseira deve diminuir.

Não é indicado adicionar leite ou água à ração. Algumas pessoas acreditam que, ao "amolecer a ração", o cão achará a refeição mais apetitosa. Em primeiro lugar, se o cão já estiver habituado com a ração seca, acrescentar qualquer outro ingrediente é desnecessário, além de tornar a ração imprópria para o consumo, em pouco tempo. Salientamos, ainda, que muitas rações secas apresentam em sua fórmula, componentes que ajudam o cão a "escovar os dentes" enquanto come.

Alimentação natural para cães

Podemos oferecer dietas caseiras para cães de todas as idades. Entretanto, devemos nos atentar para que essa alimentação seja a mais completa e balanceada possível, para que o cão não fique com alguma carência nutricional.

Existem três tipos de dietas naturais: a crua com ossos, a crua sem ossos e a cozida, sendo que a crua com ossos é a mais nutritiva, a mais econômica e a mais prática para o dono do animal.

Também é possível variar entre os tipos de alimentação natural para cães.

Ossos bovinos, arroz e cenoura são bons alimentos para cães, enquanto grãos como feijão e lentilha devem ser evitados por não apresentarem boa digestão no organismo canino.

Como alimentar o cão

É muito importante a maneira como oferecemos a comida ao *pet*. O ideal é alimentarmos o cão sempre no mesmo horário e, de preferência, duas vezes ao dia. Com essa medida, ajudamos a regular as suas funções intestinais (os cães tendem a fazer suas necessidades físicas após as refeições), além de acostumarmos o animal à rotina de seu dono.

Outros alimentos

Além das rações balanceadas industrializadas, podemos fornecer aos cães vários "petiscos", também industrializados. São rações molhadas, frescas, ossos artificiais etc. No mercado, existem muitos produtos industrializados de qualidade e com sabor atrativo para cães. Devemos, porém, tomar bastante cuidado para que o cão não perca o interesse pela ração balanceada (caso seja essa a sua alimentação cotidiana) e passe a se alimentar somente com petiscos.

As fezes e o valor alimentício

As fezes do cão nos dão informações sobre a qualidade da alimentação que o animal está recebendo. Quando for firme, indica que os alimentos foram bem digeridos e assimilados. Quando as fezes forem moles ou líquidas, indica problemas ou distúrbio gastrointestinal como intoxicações, diarreias etc.

Outra observação que devemos fazer, é que quanto menor for o volume das fezes expelidas pelo cão, durante o dia em que recebeu a sua alimentação normal e na mesma quantidade, melhor é a qualidade de sua comida, já que o organismo canino a digeriu de maneira eficiente.

CAPÍTULO 5
HIGIENE, CUIDADOS E TOSA

Cuidados e limpeza dos olhos e ouvidos

Alguns cães, devido às características naturais de seus olhos e ouvidos, podem sofrer lesões nesses locais que vão desde simples irritações a graves afecções ou infecções, com ou sem pus. Esses problemas variam de animal para animal.

As lesões nos olhos, quando muito graves, podem levar à cegueira parcial ou total do cão, da mesma forma que as localizadas nos ouvidos ou nas orelhas podem provocar surdez, também parcial ou total.

Para reduzir ou evitar a incidência de inflamações tanto nos olhos quanto nos ouvidos, a primeira providência a ser tomada é fazermos, regularmente, uma higiene rigorosa nesses locais, de preferência, uma vez por semana.

Os ouvidos devem ser limpos com um chumaço de algodão embebido em óleo de amêndoas ou glicerina. Só não devemos retirar o excesso de cera, pois essa serve para proteger o ouvido do cão.

A limpeza dos olhos é feita com um algodão seco. Mas, caso a remela esteja endurecida ou haja alguma outra secreção, umedecemos o algodão em água boricada ou em soro fisiológico para a sua higienização.

A pelagem

Cada raça ou cão sem raça definida ("vira-lata") apresenta um tipo de pelagem diferente. Podemos dizer que existem cães com pelos de comprimento curto, médio ou longo. Além disso, os pelos podem ser mais ou menos espessos, lisos ou ásperos. Tais fatores variam a intensidade de cuidados de acordo a pelagem do animal.

Cuidados com a pelagem

As práticas mais frequentes e importantes para mantermos a pelagem dos cães sempre bem cuidada e bonita são:

1. Tosa;
2. Escovação;
3. Banho

Tosa

A necessidade com a qual cada cão deve ter seus pelos tosados varia de acordo com o comprimento natural da pelagem. Cães de pelo longo são tosados com mais frequência do que cães com pelagem de comprimento médio. Quanto aos cães de pelo curto, raramente se faz uma tosa.

Além do critério do comprimento dos pelos existe também o fator do gosto de cada dono: se prefere manter o seu cão com os pelos longos ou apará-los em uma tosa curta, também chamada de "tosa bebê".

Tosa higiênica

É uma tosa especial, cujo objetivo principal é facilitar a higiene na área genital e anal do cão.

Escovação e penteado

A forma como deve ser feita a escovação e o penteado dos pelos dos cães varia com o tipo e o comprimento dos mesmos. Pelos mais longos e embaraçados são sempre os mais difíceis e os que exigem maiores cuidados. Já a escovação de cães com pelo curto é bem mais simples, mas não menos importante.

A escovação deve ser feita sempre em intervalos regulares, sendo com maior frequência para os animais de pelos longos. O principal objetivo da escovação é, juntamente com os banhos regulares, manter a pelagem sempre limpa, lisa e brilhante, o que faz o cão ficar com um ótimo aspecto, além de livrá-lo de parasitas.

Os cães de pelagem curta podem ter seus pelos escovados uma vez por semana, enquanto os cães de pelos longos devem ser escovados e penteados duas a três vezes por semana, da seguinte maneira:

1. Desmanchar com as mãos, com todo o cuidado, todos os nós existentes na pelagem, evitando puxar os pelos para que o cão não sinta dor e para não arrebentar os fios. Umedecer os pelos com um condicionador, ajuda no desembaraço;

2. Com a ajuda de uma escova, alisar os pelos com muita delicadeza e com muito cuidado para não puxá-los e causar dores no cão. A escova deve ter pinos de metal, mas sem bolinhas nas pontas, porque elas podem danificar ou destruir os pelos.

Escovar os pelos em dias alternados representa uma ótima opção para evitar a formação e o excesso de nós.

Muda

Todos os cães sofrem periodicamente trocas de pelos, conhecidas como "mudas".

O tipo, a intensidade ou o período da sua duração variam com a raça, idade e as características individuais de cada cão. Condições ambientais, como a temperatura, também influenciam nesta troca.

Banhos

Para manter a higiene do cão, é preciso que ele tome banhos regularmente: a cada 15 dias ou uma vez por semana. Quando ficam sujos após alguma atividade, o ideal é que o banho seja dado no mesmo dia. A higiene é muito importante para manter a saúde e a beleza dos cães.

A água do banho deve ser limpa e morna. Deve-se evitar o banho nos cães em dias muito frios, para que não sofram com as baixas temperaturas ou adoeçam.

As orelhas devem ser bem protegidas durante o banho para evitar que a água penetre nos ouvidos, o que lhes poderia causar fortes dores ou outros problemas, como otites. Essa medida é especialmente importante para cães que apresentam maior incidência de otites, como os das raças Cocker Spaniel e Golden Retriever.

É necessário, porém, que os sabonetes ou xampus empregados na lavagem dos cães sejam de boa qualidade e especiais para caninos, para que se evite alergias, eczemas ou outros problemas.

Após o banho, os cães devem ser enxugados com a ajuda de uma toalha ou de um secador elétrico.

Toalha

Para secar a pelagem dos cães (após o banho ou quando ele se molhar com chuvas ou entrando em piscinas) deve ser empregada uma toalha bem grossa, felpuda e grande, do mesmo tipo das que são usadas como toalhas de banho para as pessoas.

Secador elétrico

O secador elétrico não deve ser usado na máxima potência quando se for secar o cão, pois o ar muito quente pode vir a queimá-lo.

Em cães com pelos longos, a pelagem deve ser bem aberta, com uma cuidadosa separação dos pelos, para que o ar quente penetre nas raízes e evite o aparecimento de dermatites.

Trato das unhas

As unhas desempenham importantes funções na vida dos cães:

1. Servem como pontos de apoio no solo, ajudando o cão a nele se firmar;

2. Evita que o animal leve escorregões ou tombos, que podem provocar diversos tipos de lesões ou traumatismos;

Porém, é muito importante controlar o tamanho das unhas dos cães, para que não fiquem compridas demais.

Normalmente, elas se desgastam somente com o atrito a que são submetidas quando o cão caminha ou corre pelo solo, dentro ou fora do lar, principalmente quando se trata de uma casa com quintal ou então, quando o cão sai para passear na rua.

Caso não haja este desgaste, devemos aparar as unhas dos cães com uma tesoura ou com um alicate especial a cada 30 dias. Entretanto, devemos tomar muito cuidado para não causarmos ferimentos no cão ao apararmos suas unhas curtas demais.

Cuidados com as unhas dos filhotes

Quando atingem mais ou menos uma semana de idade, os filhotes começam a se movimentar pelo ninho, passando uns sobre os outros e sobre a cadela. Por esse motivo, suas unhas devem ser cortadas para que não arranhem a mãe ou nela provoquem ferimentos e irritações. Cortar as unhas dos filhotes evita também que eles causem ferimentos entre si.

Quando os cãezinhos deixam o ninho para andar e correr em superfícies ásperas, suas unhas crescem menos, porque se desgastam mais, ficando menos pontudas e mais curtas.

Dentes

Os dentes são partes vitais do corpo do cão, pois servem tanto para a sua defesa, quanto para a sua alimentação.

Para cuidarmos adequadamente da dentição canina, devemos, em primeiro lugar, nos preocuparmos com a qualidade da ração a ele fornecida. Isto é importante porque rações de boa qualidade contêm elementos e um grau de dureza que auxiliam na limpeza dos dentes.

Escovarmos os dentes do cão também é um importante cuidado para evitarmos cáries, tártaro e mau hálito no animal. A escovação pode ser feita uma vez por semana, mas, para isso, precisaremos de uma escova dental apropriada para cães e adequada a seu porte. O creme dental também deve ser o indicado para caninos. A principal diferença entre um creme dental destinado aos seres humanos e o dentifrício para cães é a falta do flúor na composição do creme dental para esses animais.

O "banheiro" dos cães

Quando o cão tem vontade de defecar ou urinar, ele logo procura o lugar que lhe foi destinado para isso, escolhido por ele próprio, ou por seu dono. Os locais podem ser desde uma determinada parte da casa (como o fundo de um quintal), como sobre objetos (folhas de jornal, caixas de areia, etc). Uma forma de evitar que a urina escorra pelo chão, é indicar ao cão que ele a faça sobre um tapete higiênico, que absorverá o líquido.

Outro local bastante utilizado para as necessidades dos cães é a rua. As caminhadas diárias com os animais, além de serem muito saudáveis para eles, também os instiga a defecar e urinar. Nesse caso, porém, os donos precisam ser responsáveis e sair de casa munidos de sacos plásticos ou de outras formas para recolher as fezes de seu cãozinho a fim de manter a rua sempre limpa. Em algumas cidades, existem leis municipais que aplicam multas aos donos de cães que não recolhem as fezes de seus *pets*..

CAPÍTULO 6

ACIDENTES COM OS CÃES

Prevenções e primeiros socorros

Os donos de cães devem estar sempre preparados para enfrentar uma emergência, porque os cachorros, assim como as crianças, fazem travessuras que podem levar a traumatismos ou lesões de diversas naturezas e que, em alguns casos, podem ser graves.

Alguns acidentes comuns para os cães são os atropelamentos, choques elétricos, quedas, ingestão acidental de algum produto nocivo ou tóxico, ferimentos devido a brigas com outros cães, dentre outros.

Por estes motivos, seus donos devem estar sempre atentos a fim de evitar, ao máximo, algum acidente, e, caso esse ocorra, percebê-lo de imediato, avaliar o perigo para a saúde de seu *pet* e poder socorrê-lo com a máxima urgência possível, ao chamar um médico veterinário ou levá-lo a uma clínica veterinária ou hospital especializado.

Estes acidentes podem ocorrer com os cães de todas as raças, de todos os tamanhos e de todas as idades. Daremos a seguir, alguns exemplos de acidentes e as providências que devemos tomar para enfrentá-los da melhor maneira possível.

Fraturas

Nos cães, as fraturas podem ser internas, externas ou expostas, quando o osso ou ossos, total ou parcialmente fraturados, ficam fora do local em que se localizam ou ainda, expostos para fora do corpo (nesse caso, há o rompimento dos tecidos que os recobrem).

As fraturas são quebras ou rompimentos parciais ou totais de um, dois ou mais ossos. Elas se apresentam na forma de simples rachaduras (trincamentos) ou por rompimentos parciais ou totais da ossatura.

Como nem sempre presenciamos o acidente sofrido pelo cão, devemos suspeitar de uma possível fratura, luxação, entorse etc., apenas pela observação do comportamento do animal. Se o cãozinho estiver com uma perna fraturada, por exemplo, notamos que ele manca ao andar, se movimenta com mais dificuldade e evita colocar uma das patas no chão. Ele pode, ainda, "reclamar" da dor, com ganidos ou choros, sempre que forçar a área lesada.

Intoxicação por ingestão acidental

Quando um cão ingere algum produto tóxico, como um produto de limpeza, por exemplo, devemos levá-lo imediatamente a um médico veterinário, juntamente com a embalagem do produto. Com a embalagem, o veterinário poderá saber, com maior precisão, qual o remédio mais indicado para cada situação, aumentando as chances de salvar a vida do animal, além de reduzir o seu sofrimento.

Não devemos, nunca, induzir o vômito do animal.

Asfixia

Muitas vezes, um cão pode tentar comer algum objeto e ficar engasgado com ele. Isso acarretará uma falta de ar, que como consequência da asfixia, poderá tirar-lhe os sentidos e até levá-lo à morte.

Para evitar maiores problemas e salvar o cãozinho, devemos tentar mantê-lo calmo e, ao mesmo tempo, olhar a sua garganta, para vermos se é possível localizar o objeto que esteja causando o problema. Após localizá-lo, devemos removê-lo com uma pinça, ou mesmo com os dedos, se for possível. Devemos tomar cuidado para não empurrar o objeto mais para dentro, o que poderia agravar ainda mais a situação.

Se não for possível remover o objeto e o animal estiver entrando em colapso, devemos pressionar a sua caixa torácica, vigorosamente, três vezes. Esse procedimento visa deslocar o objeto para fora, fazendo com que seja expelido completamente ou, pelo menos, que o deixe em uma posição mais fácil para ser removido com uma pinça ou com os dedos.

Ferimentos por mordidas

Independentemente da raça, porte ou temperamento, praticamente qualquer cão pode envolver-se em uma briga com outro cão. Se houver pequenos ferimentos com sangue, podemos, nós mesmos, fazer o curativo no animal. No caso de ferimentos mais graves, o cão deve ser levado o mais rapidamente possível a um hospital veterinário.

É importante ressaltar que uma ferida exposta é uma grande porta de entrada para infecções e, por essa razão, deve ser muito bem limpa e desinfetada. Para isso, primeiro limpamos a ferida com soro fisiológico ou, na falta desse, com água potável. Depois, devemos utilizar algum antisséptico local para desinfetar a ferida. Se o sangramento for constante, antes de limparmos e desinfetarmos o local, devemos pegar um pedaço de pano e pressionar a área machucada por alguns minutos, até que o sangramento seja contido. Depois, passamos para a assepsia local, ou seja, para a limpeza e desinfecção da ferida.

Vômitos

Os vômitos podem ser causados pelos mais diversos motivos, como a uma simples condição de sensibilidade momentânea em alguma parte do aparelho digestivo, ou ainda, podem ser reflexo de parte de um quadro clínico mais complexo, causado por alguma doença ou por intoxicações.

De qualquer maneira, quando um cãozinho apresentar vômitos, devemos, em primeiro lugar, verificar se essa ocorrência é um fato isolado ou se existem outras anormalidades acontecendo, como a diarreia. Depois, devemos suspender qualquer tipo de alimentação que não faça parte da alimentação normal do cão, pois isso pode ter causado algum tipo de intolerância no organismo do animal.

Se os vômitos persistirem, devemos interromper totalmente a alimentação por duas a três horas e fornecer, se o cão a procurar, água. Depois, lentamente, devemos oferecer ração seca, até normalizar a sua oferta ao cão. Após um período de 24 horas, a alimentação deve ser totalmente normalizada. Caso os vômitos persistam, devemos levar o animal ao médico veterinário.

CAPÍTULO 7
ENSINO E TREINAMENTO

Quanto mais cedo iniciarmos o treinamento, maior facilidade teremos, em ensinar o cão. Um aprendizado bem feito aumentará a nossa tranquilidade e, assim, poderemos aproveitar melhor os momentos com nosso novo amigo.

No entanto, não devemos nos esquecer de que, apesar de ser o maior amigo do homem e de todas as boas qualidades que possam ter, os cães são animais que, como todos os outros, possuem fortes instintos naturais. Por essa razão, devemos orientá-los, ensinando-os e treinando-os para que se adaptem, da melhor maneira possível, à vida junto aos seres humanos, especificamente, junto a sua nova família. As bases desse ensino são a obediência e o aprendizado que eles devem adquirir, como veremos neste capítulo.

Para que obtenhamos bons resultados, é imprescindível que tenhamos paciência e perseverança. Não devemos desanimar, mesmo que isso exija um pouco mais de trabalho, pois é desse início que vai depender toda a relação entre o cão e seu dono, entre todas as pessoas que o cercam e o ambiente em que vive.

O objetivo desse ensino ou treinamento não é o de dominar os cães ou quebrar o seu orgulho, a sua vontade ou o seu caráter, mas apenas o de orientá-los e ensinar-lhes algumas coisas para melhor se adaptarem à vida em companhia de sua família humana, o que, muitas vezes, os obriga a controlar ou reprimir alguns de seus instintos ou hábitos naturais.

Devemos procurar fazer a maior aproximação possível com os cães, mas, ao mesmo tempo, mostrar-lhes que nos devem reconhecer como seus líderes, através de nossa autoridade. Isso não é fácil, porque seus ancestrais, quando viviam em matilhas, tinham um só "chefe" ou líder, que eles respeitavam e obedeciam, sem que isso os impedisse de lutar pela liderança ou pelo comando de seu bando quando percebiam que o líder vacilava nas atitudes ou ficava velho.

Como os cães variam muito de temperamento e de inteligência, não há "receitas" ou fórmulas rígidas para ensiná-los, principalmente se levarmos em consideração que os cães se adaptam ao temperamento e aos hábitos de seu dono.

Ao ensinarmos os cães, devemos sempre nos lembrar de que, sendo animais, determinados hábitos para eles são somente normais e instintivos (em termos de comportamento, não existe o conceito de "bom" e "mau" entre os animais).

Ensinar os cães, portanto, é induzi-los e acostumá-los a fazer, com agrado e boa vontade, coisas que os tornam úteis aos humanos, além de evitar que mantenham hábitos indesejáveis para a nossa convivência.

Os cães não entendem as palavras

Como os cães não entendem as palavras, devemos ligá-las aos tons de voz, gestos e recompensas, que serão associados por eles no momento de obedecer a um comando. As necessidades de ensinar e de treinar são as mesmas para todos os cães.

É também muito importante que o cão sinta certa energia e firmeza no seu treinador. Esse treinamento deve se tornar uma rotina para o cão e não deve ser interrompido até que sejam obtidos os resultados desejados.

Como os cães variam muito em relação aos seus temperamentos, as pessoas mais indicadas para ensiná-los seriam os seus próprios donos, que os conhecem bem. Além disso, é preciso ter paciência para ensiná-los ou adestrá-los. Não podemos ter pressa, querendo ensinar-lhes várias coisas em pouco tempo, pois eles podem ficar confusos e os resultados poderão ser desagradáveis.

Muitas vezes, por falta de tempo ou de habilidade, não é possível ou indicado que o dono treine o seu cãozinho; nesse caso, o ideal é procurar por um profissional de adestramento. No entanto, é importantíssimo que o cão reconheça o seu dono como chefe ou líder.

Ensino

O ensino dos cães deve começar desde cedo, quando ainda estão mamando. É preciso controlar o seu comportamento ao mamar e, quando estiverem maiorzinhos, a não roubarem a comida dos pratos de seus irmãos. Para isso, basta dizer "NÃO", para repreendê-los e "MUITO BEM", para elogiá-los, quando eles voltarem para os seus próprios pratos.

Desta maneira, os cãezinhos já começam a distinguir o tom da voz de seu dono, quando essa é enérgica, zangada, de reprovação ou quando é meiga, carinhosa e de aprovação.

Devemos também nos lembrar de que os cãezinhos só devem começar a fazer passeios depois de serem vacinados. Entretanto, nesta fase, devemos evitar que andem muito, porque os ligamentos das suas patas ainda são muito fracos e eles se cansam com facilidade.

Treinamento

Os cães não entendem as palavras, mas apenas os sons. Por isso, os comandos devem ser dados:

1. Com palavras curtas e de maneira enérgica nas ordens;

2. Com palavras meigas nos elogios;

3. De forma zangada nas repreensões;

4. Com palavras carinhosas quando eles executarem um bom trabalho, quando obedecerem às ordens ou no momento de dormir.

As ordens dadas aos cães devem ser obedecidas *imediatamente*, sem dúvidas ou preguiça. Quando eles acertam e são elogiados, ficam, sempre, com vontade de acertar, pois relacionam os acertos com os agrados.

Devemos nos lembrar de que brutalidade, gritos ou impaciência nada resolvem, mas somente revelam que a pessoa não tem condições ou conhecimentos para treinar cães.

Algumas regras

Algumas regras durante o treinamento são: não punir os cães por alguma falta ou erro, mas, ao mesmo tempo, dar-lhes a oportunidade de repetir a ação e tentar acertar; estimular os cães, durante o ensino, através de elogios e até de recompensas (como petiscos), quando o merecerem, ou repreendê-los, quando for necessário.

Por mais inteligentes que sejam os cães, sua inteligência é limitada, indo apenas até certo ponto. Eles não deixam de "pensar" e de se comportar como animais. Por esses motivos, é necessário orientar e controlar o seu comportamento em certos casos como, por exemplo, em uma briga.

Até cães que nunca brigaram, um dia têm a sua primeira luta, pois é da sua natureza lutar. Nessa ocasião, mesmo que seu dono o chame, o cão não o atenderá. Para separar uma briga, não adianta bater nos cães, já que eles nem sentirão as pancadas. O melhor é jogar água nos seus focinhos e só tentar separá-los quando eles pararem de brigar. Se não houver água, devemos agarrar as suas pernas traseiras e puxá-las para cima e para um dos lados, enquanto outra pessoa faz o mesmo, com o outro cão, o que terminará com a briga. Não devemos tentar separar os cães pela frente, para não sermos mordidos.

Quando dois cães amigos brigam, isso acontece apenas por uma herança de seus antepassados, época em que os cães lutavam pela liderança de seus bandos.

Além de saber como agir em caso de briga entre cães, devemos sempre lembrar alguns fatos sobre esses animais, relacionados à convivência com o homem e com outros animais: os cães consideram o homem como seu chefe e líder indiscutível e consideram alguns outros animais como seus inimigos naturais como, por exemplo, os gatos. Entretanto, quando são criados juntos desde pequenos ou quando a "apresentação" entre eles for bem feita, eles podem aprender a conviver em paz e até, a se tornarem "grandes amigos". Conhecemos casos de cadelas que amamentaram e "adotaram" gatinhos, zelando por eles, mesmo depois de adultos.

As ordens "NÃO" e "PEGA"

São as mais importantes ordens dadas aos cães e que devem ser obedecidas de imediato, porque:

"NÃO" é uma garantia de fazer o cão *parar imediatamente* o que estiver fazendo. Esta ordem poderá evitar que o cão ataque e fira alguém, ou ainda, que mexa em algo perigoso e venha a se machucar;

"PEGA", por sua vez, é, exatamente, o contrário: faz com que o cão *pegue imediatamente* o que o dono mandar ou que *avance* em uma pessoa ou outro animal.

Para um bom treinamento de "NÃO" e "PEGA", devemos:

1. Pegar um objeto, de preferência já conhecido do cão em suas brincadeiras e prendê-lo na ponta de uma corda de dois a três metros de comprimento;

2. Em seguida, fazemos o cão ficar parado e de frente para nós, mais ou menos à distância do comprimento da corda;

3. Começamos, então, a girar a corda, bem devagar, fazendo com que o objeto preso a ela se movimente em círculos e passe perto do cão, que o está acompanhando com a vista. Dizemos "NÃO" a cada passagem do objeto acima da cabeça do animal;

4. A certa hora, damos a ordem "PEGA" e incentivamos o cão a pegar o objeto quando esse passar perto dele. Depois que o cãozinho tiver abocanhado o objeto, devemos mostrar a ele que estamos felizes com o que acabou de fazer. Para isso, fazemos carinho em seu pelo, dizendo "MUITO BEM", "PARABÉNS", ou outra palavra de incentivo, sempre em tom de aprovação. Dar um petisco nessa hora, também é eficiente;

5. Voltamos a rodar a corda e passamos a alternar as ordens "NÃO" e "PEGA", ao mesmo tempo em que aumentamos a velocidade e a altura do objeto em relação ao cão.

Esse exercício, além de ser muito bom para ensinar obediência ao cão, é ótimo para o seu preparo físico e para treinar sua agilidade em saltar e pegar objetos em movimento, o que o cãozinho, depois de certo tempo, faz com uma precisão extraordinária.

As ordens "PEGA" e "LARGA"

Em uma segunda etapa do exercício anterior, quando o cão já estiver bem treinado, devemos ensinar-lhe a obedecer a uma nova ordem: "LARGA". Para isso, devemos:

1. Pegar o mesmo objeto utilizado no exercício anterior, jogá-lo à distância e, ao mesmo tempo, dar ao cão a ordem "PEGA". O cão obedece, vai buscá-lo, e quando retorna com o objeto, senta-se à nossa frente;

2. Nesse momento, damos a ordem "LARGA" e o cão, imediatamente, solta o objeto no chão.

Sentar

É um treinamento muito fácil. Basta, com o cão parado, fazer o seguinte:

1. Com uma das mãos, puxamos a guia para cima;

2. Com a outra mão, fazemos uma pressão para baixo, sobre a anca ou a garupa do cão e assim, o mantemos sentado;

3. Se ele tentar se levantar, nós o forçamos a permanecer sentado, sempre com a ordem "SENTA", e o elogiamos, se ele a obedecer.

Deitar

Para obtermos os resultados desejados, devemos:

1. Obrigar o cão a sentar-se;
2. Pegar seus membros anteriores, levantá-los e esticá-los um pouco para frente e colocá-los no chão;
3. A seguir, devemos fazer uma pressão para baixo, sobre sua cernelha (costas);
4. Damos a ordem "DEITA" e o obrigamos a permanecer nessa posição, até receber uma nova ordem.

Outra maneira de fazer o cão deitar é, com uma das mãos, pegar a guia, junto à coleira, forçá-la para baixo e, ao mesmo tempo, com a outra mão, forçar o seu corpo também para baixo.

Com algumas aulas, o animal passará a obedecer e se deitará, imediatamente, se receber a ordem para isso. O cão deve permanecer deitado ainda que saiamos de perto dele, até receber uma nova ordem para se levantar.

Andar junto ao dono

Para passearmos com o cão, devemos ensiná-lo a nos acompanhar no mesmo passo e na mesma velocidade, sem parar a toda hora. Para isso, o treinamento deve ser:

1. Fazer o cão andar sempre do nosso lado esquerdo e na mesma direção;

2. Quando ele se afastar, batemos com a mão na nossa perna esquerda e, ao mesmo tempo, damos a ordem "JUNTO";

3. Devemos andar sempre, mais ou menos, no mesmo passo que o cão, não o deixando avançar ou atrasar, e, para isso, puxamos a sua guia;

4. Nas primeiras aulas, devemos andar somente em linha reta e, depois, nas aulas seguintes, em diversas direções;

5. As aulas devem ter uma duração de 10 a 20 minutos, pois não devemos cansar muito o animal;

6. Nunca bater no cão com a guia, para que ele não a associe a um castigo;

7. Devemos, ainda, elogiar e até acariciar o cãozinho, sempre que ele fizer bons exercícios;

8. Só devemos castigar o cão em caso de desobediência repetida, sem que a punição seja física: apenas falamos em tom enérgico para mostrarmos a ele que estamos chateados e aborrecidos;

9. Quando ele fizer algo errado, devemos dizer-lhe, energicamente, "NÃO", e quando ele acertar, devemos agradar-lhe com um "MUITO BEM".

Durante as aulas, devemos conversar com o cão para que haja uma maior interação entre ele e nós, e sempre manter a guia esticada, sem forçá-la, para que possamos puxá-la com rapidez, se for necessário.

No primeiro dia de treinamento, o melhor é mantê-lo na guia, mas, durante a caminhada, soltá-la sem que ele perceba (mas sempre andando e dando as ordens). Não havendo problemas, podemos continuar os exercícios sem a guia, porém, se necessário, basta prendê-lo outra vez e retomar os exercícios.

Quando o cão já anda normalmente ao nosso lado, sem a necessidade de puxões na guia, isso indica que ele já pode ser treinado sem ela.

Vir até onde está o dono

Quando for chamado, o cão deve obedecer imediatamente à ordem "AQUI" e vir correndo, diretamente, na direção do seu dono, sem parar para nada. Para que ele o faça de boa vontade, no entanto, é necessário que, no princípio do treinamento, receba agrados, elogios e até petiscos, ainda que ele não tenha obedecido exatamente como deveria. As falhas deverão ser corrigidas durante as aulas, pois o cão sabe que será "agradado" no princípio de todas elas.

Se necessário, nas primeiras aulas, o cão pode ser preso a uma guia longa, de 10 a 20 metros de comprimento, para ser puxada quando o animal não obedecer imediatamente à ordem "AQUI", sem correr para o seu dono ou treinador.

Ao chegar, o cão tem que se sentar em frente à pessoa que o estiver treinando e assim permanecer até receber uma nova ordem, a qual deverá ser a palavra "JUNTO", a fim de que ele se coloque sentado do lado esquerdo do treinador.

Quando o cão não atender ao chamado, nunca devemos ir até onde ele está ou dele nos aproximarmos. Temos sempre que obrigá-lo a obedecer ou puxá-lo com a guia.

Se preferir, o dono pode substituir a ordem "AQUI" por um assovio ou apito.

Parar de latir

Devemos ensinar o cãozinho a parar de latir quando o desejarmos ou em caso de necessidade (se o cão começar a latir em horário inapropriado, por exemplo). Para isso, usamos a ordem "QUIETO".

O seu treinamento consiste em mandar o cão latir e depois, dar o comando "QUIETO", para ele se calar. Repetindo várias vezes, ele aprende logo a lição.

Como em qualquer outro treinamento, devemos elogiar e acariciar o cão quando ele obedecer prontamente a ordem.

Recusar comida achada ou oferecida por estranhos

Esse treinamento costuma ser muito utilizado para cães de guarda. A primeira providência para isso é ensinar ao cão, desde pequeno, a só comer no seu prato e sempre no mesmo horário. O melhor, também, é não colocar o prato no chão, mas sobre um apoio qualquer, como um pequeno banquinho ou um suporte de qualquer tipo, mas sempre no mesmo lugar.

O cão também não deve ficar em volta da mesa na hora das refeições ou andando pela cozinha e receber pedaços de comida ou catá-los no chão, pois isso atrapalha completamente o seu treinamento. Além disso, se o cão se acostumar a comer a qualquer hora, ou quando tiver fome, provavelmente passará a roubar alimentos, porque para ele, catar migalhas no chão ou tirar um assado inteiro da mesa, é a mesma coisa.

Para ensiná-lo a não comer o que encontra ou o que lhe é dado por estranhos, devemos segurá-lo na guia e pedir a um estranho que lhe jogue um pedaço de carne ou um petisco. Quando o cão tentar abocanhá-lo, dizemos "NÃO", com toda a energia. Se ele insistir, devemos dar-lhe um forte puxão com a guia, para que sinta a força do nosso comando e, ao mesmo tempo, repetir-lhe "NÃO".

Depois de repetir essa lição, o cão não tentará mais comer a comida oferecida pelo estranho. Quando isso acontecer, passamos à segunda etapa do treinamento. Ela consiste em, sem que o cão o perceba, colocar um pedaço de carne ou petisco em um lugar qualquer em que ele costume ficar solto, como no quintal, no jardim ou em uma praça, e, depois, o soltamos.

Logo que ele descobrir a comida e tentar comê-la, dizemos "NÃO", energicamente, e embora ele não a toque, ficará perto dela. Então, nos aproximamos dele, utilizamos o comando para se deitar, apontamos para a comida e repetimos "NÃO". Depois, nos afastamos devagar e, de longe, continuamos a vigiá-lo, para ordenar-lhe novamente, se necessário, a palavra "NÃO".

Outra etapa neste treinamento é ordenar-lhe "FIQUE LÁ" e nos afastarmos até sairmos da vista do cão, mas permanecermos escondidos para vigiá-lo.

Para completar o treinamento, devemos espalhar as mais variadas comidas em diferentes lugares, sempre vigiando o cão para ordenar-lhe "NÃO" quando tentar comer alguma delas. Repetir a lição, quantas vezes forem necessárias, até que ele não mais tente mais comer as coisas que encontra.

Quando, no entanto, o cão não quer aprender, não obedece às ordens e continua a pegar as comidas que encontra, podemos adotar outro método: dar-lhe iscas com gostos desagradáveis, como pimenta.

O cão ensinado a só comer comida dada por seu dono ou em sua casa, poderá se livrar de sofrimentos causados por alimentos estragados, e também, da morte por envenenamento.

Como entreter os cães para que não se tornem inconvenientes

Por mais engraçado ou divertido que seja, não devemos deixar que os filhotes façam coisas que não admitiremos quando estiverem maiores, como pular sobre as pessoas, correr atrás de outros animais (aves, gatos etc.), roer objetos, roubar comida, latir demais, urinar ou defecar em locais inapropriados etc.

Para evitar que um cão se torne inconveniente quando adulto, devemos dar-lhes brinquedos como bolas ou ossos artificiais, por exemplo. Dessa forma, o cão não só se acostumará a brincar (e, o mais importante, com seus próprios brinquedos), bem como, quando estiver sozinho em casa, terá com o que se entreter e não pegará roupas, sapatos, tapetes ou almofadas.

Existem ainda alguns produtos líquidos disponíveis no mercado, que deixam no local em que forem aplicados um odor desagradável para o cão, mas, em grande parte das vezes, inodoro para os seres humanos. O uso desse tipo de produto visa afastar o cão de um determinado local no qual ele, por exemplo, costume fazer, indevidamente, as suas necessidades ou em locais nos quais ele cause algum tipo de destruição, como um sofá a ser mordido, arranhado ou rasgado. Ainda que tais produtos possam auxiliar os donos no ensino de seus animais, seu uso deve ser utilizado com cautela, pois pode resolver um problema sem que o cão aprenda, realmente, a sua lição.

Como evitar que o cão arranhe a porta para querer entrar

Muitos donos deixam seus cães no quintal, no jardim, na varanda ou na área de serviço, enquanto outros, por mais que criem seus cães dentro de casa, não permitem que eles adentrem em determinados cômodos. Nessas situações, muitas vezes, e pelos mais variados motivos, o cão pode querer entrar em casa ou em determinada parte dela e, para isso, começa a arranhar a porta com as patas da frente, a fim de chamar a atenção de alguém que o deixe entrar.

Esse hábito deve ser combatido, não só por incomodar os moradores pelo barulho que o cão faz ao arranhar a porta e ainda estragá-la, como ainda o torna manhoso ao chorar e ganir.

Para evitar que isto aconteça, quando o cão começar a arranhar a porta, devemos abri-la com energia e dar-lhes a ordem "NÃO". Se o cão voltar a arranhar, tornamos a abrir a porta, dizemos "NÃO" com mais energia ainda e com uma folha de jornal enrolada ou um papel comum, também enrolado, acertamos o focinho do cão (sem machucar, apenas fazendo barulho) e repetimos "NÃO". Normalmente, isso é o suficiente para que o cão não arranhe mais a porta para entrar.

🐾

CAPÍTULO 8
VIAJANDO COM SEU CÃO

Algumas providências precisam ser tomadas antes de viajarmos com o cão. Algumas delas são:

Identificação

É importante que o cão seja identificado por um nome, porque atende quando é chamado por ele. É indispensável, no entanto, que haja uma prova concreta e indiscutível sobre a identidade de um determinado animal.

Para identificar um cão podemos empregar:

1. A *tatuagem*, que é permanente e feita com um tatuador e uma tinta especial. Ela consiste na gravação de letras, números, desenhos, símbolos ou palavras e pode ser feita na orelha ou na barriga do animal, nele permanecendo durante toda a vida.

2. *Microships*, que é o melhor método de identificação. Ele é implantado sob a pele do pescoço do cão;

3. *Placa* ou *medalha*, que é fixada à coleira do cão ou nela pendurada e na qual são gravados o nome do cão, número do telefone e o endereço do seu dono, para que ele possa ser localizado. Também é possível acrescentar outros dados para facilitar a localização do animal, quando ele se perde ou foge, e outros dados que o seu dono desejar.

Procedimentos e documentos exigidos

Quando um cão vai viajar, devemos seguir a orientação que se segue:

1. Atestado de saúde e carteira de vacinação, que comprove a vacinação do cão contra a raiva, no mínimo, 30 dias antes do embarque. Os documentos podem ser obtidos por um médico veterinário;

2. Em caso de viagem ao exterior, levar ao Ministério da Agricultura, o atestado de saúde e a carteira de vacinação, para obter o Certificado Internacional de Sanidade Animal (CISA) para embarque dentro de oito dias, no máximo, ou a Guia de Trânsito Animal (GTA), quando a viagem for para outros Estados brasileiros. Para qualquer destino fora do Brasil também é necessário um documento chamado CZI (Certificado Zoossanitário Internacional), emitido pelo Serviço Veterinário Oficial do país de origem, com o objetivo de garantir o cumprimento das condições sanitárias exigidas para o trânsito internacional de animais até o país de destino. Um detalhe importante é que, para a emissão do CZI, a validade do atestado sanitário dada pelo médico veterinário é de apenas 72 horas. Para mais informações

acesse o site do Ministério da Agricultura Pecuária e Abastecimento: www.agricultura.gov.br.

3. Nas viagens internacionais, é necessário levar todos os documentos mencionados nos itens anteriores ao consulado do país de destino do cão;

4. Todos os documentos mencionados, para uso em viagens internacionais, só servem para o cão sair do Brasil. Por esse motivo, o seu dono deve providenciar, também, uma nova documentação, de acordo com as normas exigidas pelo país em que estiver, para que o cão possa dele sair, além dos documentos exigidos para ele regressar e entrar no Brasil;

5. Antes de viajar para o exterior, é necessário que o dono do cão ou a pessoa que o acompanha saibam que alguns países exigem que o cão fique de quarentena quando entra em seu território, como forma de combate a algumas doenças. Isso pode trazer despesas extras e grandes transtornos ou problemas para o dono do cão, quando ele desconhece essa formalidade. Por exemplo, a Austrália é um dos países mais rigorosos quanto à entrada de animais, chegando até mesmo a proibir a entrada de animais provenientes do Brasil, alegando não ser um país livre da raiva. Em contrapartida, o EUA é um dos países com menor rigidez quanto a entrada de animais;

6. Verificar com a companhia aérea sobre as exigências para o transporte do cão. Algumas permitem que cães com até 10 quilos (peso do cão somado com a caixa de transporte)

viajem na cabine junto com seu dono, enquanto outras só permitem que o cão viaje no compartimento de cargas. Apenas os cães-guia, chamados de animais de serviço, viajam sempre na cabine junto com o dono e algumas companhias nem mesmo exigem uso de focinheira, considerando o treinamento que esses cães têm. As companhias também fornecem as dimensões exatas que a caixa de transporte deve ter, de acordo com o peso do cão. Lembre-se de contatar a companhia aérea com antecedência para reservar o lugar do seu cão, pois há limite máximo de animais por voo. Quanto ao tipo de voo, a melhor opção é o voo direto, sem escalas, principalmente se o cão for viajar com as cargas. Se isso ocorrer, evite os horários mais quentes do dia (em caso de verão) ou os mais frios (em caso de inverno).

7. Três horas antes do embarque, o cão já deve estar no aeroporto, para que seja submetido a um exame clínico e os seus documentos examinados por uma equipe de médicos veterinários do Ministério da Agricultura, designados para controlar e fiscalizar as saídas e entradas de animais em todos os aeroportos, portos marítimos e alfândegas de todo o país;

8. Quando a viagem é longa e demorada, é importante que o animal faça as suas necessidades antes de embarcar;

9. o cão deve ser tratado da melhor maneira possível durante toda viagem, não ficando sem água e sem alimentos;

10. Principalmente durante as noites, o cão deve ter um local para se hospedar;

11. Colocar dentro da caixa de transporte o brinquedo preferido dele, também algo que contenha o cheiro de seu dono (pode ser uma peça de roupa) e uma almofada ou travesseiro;

Cuidados antes de viajar

Antes de qualquer coisa, certifique-se que o seu cão está em boas condições gerais de saúde e tenha atenção aos seguintes pontos:

1. As cadelas prenhes não podem viajar de avião (algumas companhias chegam a proibir o embarque);

2. Os cães idosos, por serem mais susceptíveis ao estresse, não devem viajar, principalmente se tiverem algum problema de saúde, como problemas cardíacos, ou se não estiverem acostumados a viagens;

3. Filhotes são desaconselhados a viajar antes de completarem o calendário de vacinação pelo risco de contraírem alguma doença e pela exigência do comprovante de vacinação para o embarque;

4. Algumas raças com focinho achatado como *Pug*, *Bulldog*, *Boxer* e *Shih Tzu* são mais propensas a terem falta de ar por causa da altitude devido à conformação anatômica das suas vias respiratórias — há casos de cães que morrem nas viagens;

5. Certifique-se sobre os riscos do cão contrair *Dirofilaria* (verme do coração) no local de destino e, se for o caso, faça a prevenção.

O transporte

Para viagens em transportes coletivos, devem ser tomadas algumas providências, entre as quais:

1. O cão deve ser colocado em uma caixa, uma gaiola ou um engradado, que podem ser de arame galvanizado, plástico especial, madeira etc., de acordo com as exigências das transportadoras nacionais ou estrangeiras e, o que é muito importante, que lhe proporcionem um certo conforto;

2. A embalagem deve ser de um tamanho compatível com o tamanho do cão que se vai transportar. Seu comprimento deve ser igual ao do cão, medido da ponta do focinho à base da cauda e mais um espaço para ele não ficar espremido e possa fazer movimentos; a sua largura deve ser igual à do cão, medida no ombro e na altura, igual a do cão em pé, com a cabeça levantada. O espaço tem que ser suficiente para que o animal possa girar em 360°;

3. As embalagens devem ser bem ventiladas e, para isso, devem ser de tela, grade ou com orifícios em número suficiente nas suas paredes, porta e teto, permitindo que o cão respire normalmente;

4. Quando o cão fica muito nervoso, podemos dar-lhe um tranquilizante (mas só se realmente necessário para evitarmos possíveis efeitos colaterais);

5. Se ele tiver enjoos, podemos dar-lhe um medicamento especial para evitar esse distúrbio;

6. Não devemos alimentar o cão muito próximo da hora da partida, exceto se a viagem for muito longa;

7. Antes do embarque, principalmente quando recebeu alimentos, o cão deve ser levado para fazer as suas necessidades.

Importante também é não levar o cão no porta-malas ou colocá-lo no carro quando esse estiver com a temperatura interna muito quente. Além disso, não devemos deixar o cão preso dentro do carro parado e com os vidros fechados, porque o seu interior pode esquentar e a falta de ventilação faz o cão sofrer muito e até morrer.

É aconselhável, ainda, levar sempre nos passeios ou viagens, sacos de plástico e uma pazinha para recolher as fezes do animal.

Hospedagem para cães

Quando os cães estão acompanhando os seus donos, existem hotéis que possuem acomodações para eles ou providenciam a sua hospedagem. Alguns hotéis, no entanto, não aceitam cães e nem se encarregam de abrigá-los em outros locais, embora existam hotéis especiais para cães.

Por isto, antes de viajar, é importante saber se o hotel aceita ou não a hospedagem de cães.

IMPRESSÃO E ACABAMENTO

YANGRAF
GRÁFICA E EDITORA LTDA.
WWW.YANGRAF.COM.BR
(11) 2095-7722